Anarosa findet einen Hund

Анароза знаходить собаку

Spaß am Lesen Verlag
www.einfachebuecher.de

Text Originalfassung: Willemijn Steutel
Deutsche Übersetzung: Joachim Laug-Woldringh
Ukrainische Übersetzung: Übersetzungsbüro Perfekt
Abbildungen: Shutterstock. Abdul Mannan (S. 32, S. 34, S. 46)
Redaktion und Gestaltung: Spaß am Lesen Verlag

ISBN 978-3-948856-92-2

Anarosa findet einen Hund

Willemijn Steutel

АНАРОЗА ЗНАХОДИТЬ СОБАКУ

Willemijn Steutel

Ein kleiner Hund

Anarosa steht vor der Schule.
Sie wartet am Zaun.
Ihre Söhne Hugo und Flavio
kommen aus der Schule.

Neben ihrem Bein steht ein Hund.
Anarosa streichelt den Hund.
„Hallo, Kleiner.
Wo kommst du denn her?“

Der Hund sieht sie an.
Er hat weißes Fell.
Und kurze Beine.

Маленький собака

Анароза стоїть перед школою.
Вона чекає біля паркану.
Її сини Хуго і Флавіо
повинні вийти зі школи.

Біля її ноги стоїть собака.
Анароза гладить собаку.
«Привіт, маленький.
Звідки ти?»

Собака дивиться на неї.
У нього біле хутро.
І короткі лапи.

Spanien

Flavio kommt aus der Schule.
Er ist erst 8 Jahre alt,
aber er ist groß.
Das hat er von seinem deutschen Vater.
Der ist auch groß.

Anarosa kommt aus Spanien.
Sie ist eine kleine Frau.
Und ihre Familie ist auch klein.

Іспанія

Флавіо виходить зі школи.
Йому лише 8 років,
але він високий.
Зростом він пішов у свого батька
німця.
Він теж високий.

Анароза родом із Іспанії.
Вона маленька жінка.
У її родині всі теж невисокі.

Flavio sieht Anarosa.
Er rennt zu ihr.
„Hallo, Mama“, sagt er.
Er gibt ihr einen Kuss.

Flavio streichelt den Hund.

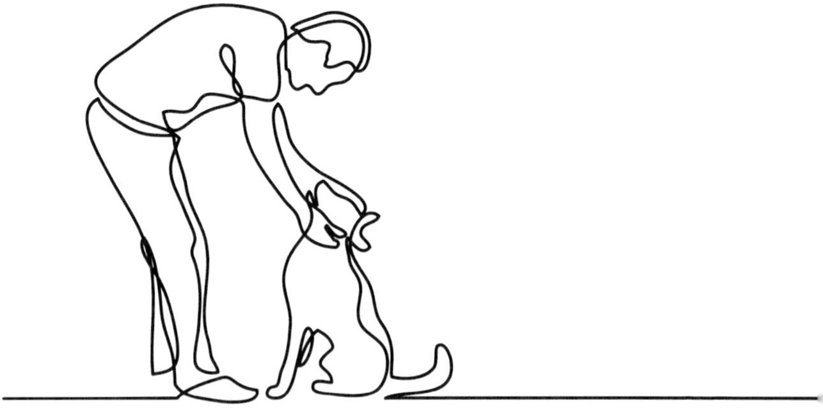

Флавіо бачить Анарозу.
Він біжить до неї.
«Привіт, мамо», — каже він.
Він цілує її.

Флавіо гладить собаку.

Ganz blass

Jetzt ist auch Hugo da.
Er ist schon 10 Jahre alt,
aber er ist kleiner als Flavio.
Er sieht Anarosa ähnlich.

Hugo ist oft krank.
Anarosa muss dann mit ihm zum Arzt.

Er ist auch oft erkältet.
Sie sieht ihn an.
Was ist er heute
wieder blass!

Зовсім блідий

Хуго теж підходить до них.
Йому вже 10 років,
але він менший за Флавіо.
Він схожий на Анарозу.

Хуго часто хворіє.
Тому Анарозі доводиться возити його
до лікаря.

Також він часто застуджується.
Вона дивиться на нього.
Сьогодні він знову дуже блідий!

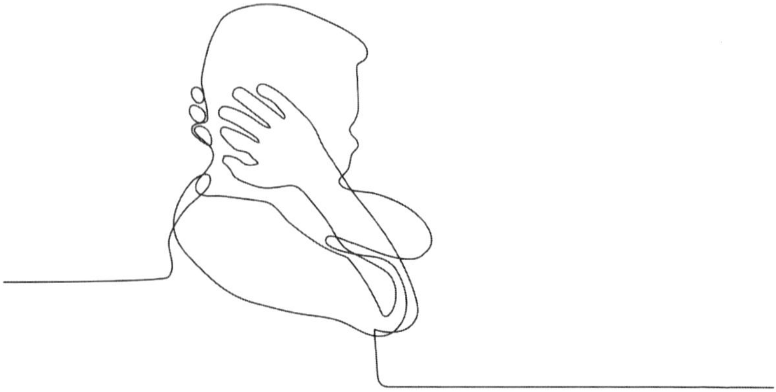

Kopfschmerzen

Anarosa fragt:
„Wie geht es dir heute?"
„Ich habe leichte Kopfschmerzen",
antwortet Hugo.

Der Hund springt an ihm hoch.
Er fragt: „Wem gehört der Hund?"
„Ich weiß es nicht", sagt Anarosa.

Головний біль

Анароза запитує:
«Як ти сьогодні?»
«У мене трохи болить голова»,
— відповідає Хуго.

Собака стрибає на нього.
Він питає: «Чий це собака?»
«Не знаю», — відповідає Анароза.

Dann sagt Anarosa: „Komm,
wir gehen nach Hause.
Es ist kalt."

Hugo und seine Familie wohnen
in der Nähe.
Er sieht nach hinten. Er lacht.
„Der Hund läuft hinter uns her!"

Потім Анароза каже: «Давайте,
ми йдемо додому.
Холодно».

Хуго і його сім'я живуть
поблизу.
Він дивиться назад. Він сміється.
«Собака йде за нами!»

Glücklich

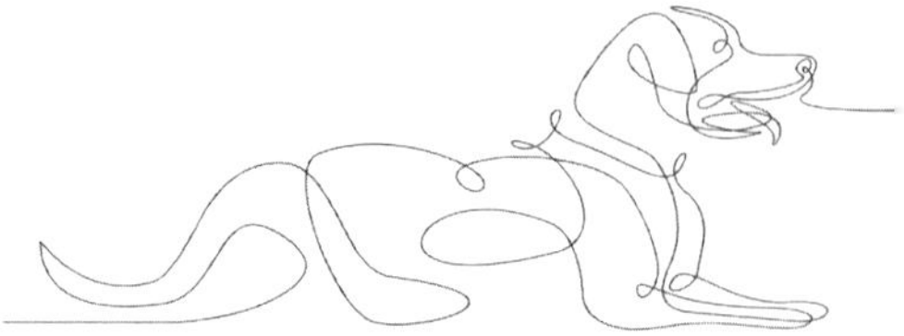

„Das geht
nicht", sagt Anarosa.
„Er darf nicht mit uns mitlaufen."

„Du musst zu deinem Besitzer",
sagt sie zu dem Hund.
Der Hund sieht sie an.
Er wedelt mit dem Schwanz.
Die Zunge hängt ihm aus dem Maul.
Er bellt.
Er sieht glücklich aus.

Anarosa geht zurück zur Schule.
Sie sagt: „Komm schon!"
Aber der Hund bleibt liegen.

Щасливий

«Ні, так не годиться», — каже
Анароза.
— Він не може піти з нами.

«Йди до свого господаря»,
— каже вона собаці.
Собака дивиться на неї.
Він виляє хвостом.
І висунув з рота язик.
Він гавкає.
Він виглядає щасливим.

Анароза повертається до школи.
Вона каже: «Давай, пішли!»
Але собака залишається на місці.

Ist das Ihr Hund?

Anarosa schaut über den Schulhof.
Der Schulhof ist jetzt fast leer.
Sie sieht einen Mann.

Anarosa fragt ihn:
„Ist das Ihr Hund?"
„Nein", antwortet der Mann.

Anarosa dreht sich um.
Sie geht wieder
nach Hause.
Der Hund läuft mit.

Це Ваш собака?

Анароза дивиться на шкільне подвір'я.
Зараз шкільне подвір'я майже порожнє.
Вона бачить чоловіка.

Анароза запитує його:
— Це Ваш собака?
— Ні, — відповідає чоловік.

Анароза оглядається навколо.
Вона знову крокує у напрямку дому.
Собака біжить за нею.

Trinken

Anarosa und die
Kinder
stehen vor der Tür.
Der Hund möchte mit rein.

Anarosa sagt: „Na, dann komm.
Wir geben dir etwas Wasser."

Die Kinder spielen mit dem Hund.
Sie gehen mit dem Hund spazieren.
Sie suchen überall in der Umgebung.
Aber sie finden den Besitzer nicht.

Пити

Анароза й діти
стоять перед дверима.
Собака хоче зайти за ними.

Анароза каже: «Гаразд, заходь вже.
Ми дамо тобі води».

Діти граються з собакою.
Вони виходять з нею на прогулянку.
Вони оглядають все довкола.
Але вони не знаходять власника.

Umarmen

Hugo und Flavio kaufen
Futter für den Hund.
„Heute Nacht bleibst du bei uns",
sagen sie.

Der Hund bellt.
Er wedelt mit dem Schwanz.

Hugo und Flavio umarmen
den Hund.

Обійми

Хуго і Флавіо купують
корм для собаки.
«Ти залишишся з нами сьогодні
ввечері», — кажуть вони.

Собака гавкає.
Він виляє хвостом.

Хуго і Флавіо обіймають
собаку.

Zettel

Am Abend sitzt Anarosa am Computer.
Sie schreibt:

Gefunden in der Baumstraße:
kleiner, weißer Hund.
Bitte melden:
0152 428 953 38

Anarosa druckt den Zettel 50-mal aus.

Оголошення

Увечері Анароза сидить за
комп'ютером.
Вона пише:

На Баумштрассе знайдено:
маленького білого собаку.
Будь ласка, звертайтеся за номером:
0152 428 953 38

Анароза друкує оголошення у 50
екземплярах.

Bäume

Die Brüder hängen alle Zettel auf.
An Bäumen, Wänden und Laternen.

Flavio sagt:
„Jetzt ruft sein Besitzer bald an.
Schade!"

Hugo fragt seine Mutter:
„Dürfen wir den Hund behalten?"

„Nein", sagt Anarosa. „Du wirst krank
von Hunden. Dann musst du niesen.
Und deine Augen werden rot."
„Aber es geht mir doch gut", sagt Hugo.

Дерева

Брати розклеїли всі оголошення.
На деревах, стінах і ліхтарях.

Флавіо каже:
«Скоро зателефонує його власник.
Шкода!»

Хуго запитує свою матір:
— Ми можемо залишити собаку?

— Ні, — каже Анароза. «Ти можеш
підчепити якусь хворобу
від собаки. Почнеш чхати.
І твої очі почервоніють».
«Але зі мною все гаразд», — каже
Хуго.

Heilige Drei Könige

Anarosa will jetzt nicht
an den Hund denken.
Sie hat viel zu tun.

Sie muss Geschenke kaufen.
Und einen Kuchen backen.
Für Sonntag.
Dann ist der 6. Januar,
Heilige Drei Könige.

Свято Трьох Королів

Зараз Анароза не хоче
думати про собаку.
У неї багато справ.

Вона повинна купити подарунки.
І спекти пиріг.
На неділю.
Тому що 6 січня
Свято Трьох Королів.

Auf Spanisch heißt das
Los Reyes Magos.
Los Reyes Magos ist ein großes Fest.
Kinder in Spanien bekommen dann
Geschenke.
Wie Kinder an Weihnachten in
Deutschland.

Іспанською це називається
Los Reyes Magos.
Los Reyes Magos — це велике свято.
Діти в Іспанії отримують на нього
подарунки.
Як діти на Різдво в
Німеччині.

Tricks

Hugo und Flavio bringen dem Hund Tricks bei.
Hugo zeigt es seiner Mutter.
„Pass auf“, sagt Hugo.
„Ich strecke meine Arme nach oben und dann springt Caspar!“

Anarosa fragt: „Caspar?“
„Ja, so heißt er“, sagt Hugo.
„Genau wie einer von den drei Königen.
Der heißt auch Caspar.“

Команди

Хуго і Флавіо вчать собаку
командам.
Хуго показує це своїй матері.
«Дивись», — каже Хуго.
«Я простягаю руки вгору,
а потім Каспар стрибає!»

Анароза запитує: — Каспар?
— Так, це його ім'я, — каже Хуго.
«Як у одного з трьох королів.
Його також звуть Каспар».

Geschenk

Es ist Abend.
Hugo liegt im Bett.
Der Hund liegt an seinen Füßen.

Hugo denkt an die Geschenke,
die er am 6. Januar bekommt.
Er möchte gern ein Skateboard.
Oder ein Spiel für die PlayStation.

Подарунок

Вже вечір.
Хуго в ліжку.
Собака лежить біля його ніг.

Хуго думає про подарунки,
які він отримає 6 січня.
Він хотів би скейтборд.
Або гру для PlayStation.

Aber am liebsten möchte ich
einen Hund, denkt Hugo.
Caspar wäre ein schönes Geschenk.
Dann brauche ich keine anderen
Geschenke mehr.

«Але більш за все я хотів би
собаку», — думає Хуго.
Каспар був би гарним подарунком.
І більше мені не потрібні
жодні подарунки.

Traum

Es ist Nacht.
Anarosa träumt.
In ihrem Traum steht ein Hund
an ihren Füßen.

Сон

Вже ніч.
Анарозі сниться сон.
У її сні собака стоїть
біля її ніг.

Der Hund bellt.
Er drückt den Kopf gegen ihre Hand.
Seine Nase fühlt sich feucht an.

Anarosa wird wach.
Da ist ja wirklich ein Hund!

Caspar steht neben ihrem Bett.
Er bellt laut.

„Was ist los?"

Собака гавкає.
Він притискається головою до її руки.
Вона відчуває його вологий ніс.

Анароза прокидається.
Собака справді тут!

Каспар стоїть біля її ліжка.
Він голосно гавкає.

«Що сталося?»

Zu Hugo

Caspar läuft zur Tür.
Anarosa folgt ihm.
Der Hund läuft durch den Flur.
Zu Hugos Zimmer.

До Хуго

Каспар біжить до дверей.
Анароза біжить за ним.
Собака біжить коридором.
До кімнати Хуго.

Hugo liegt auf dem Boden
Vor seinem Bett.

Seine Augen sind ganz weiß.
Seine Haut ist blass.

Sein Körper zittert.
Er schlägt mit den Armen um sich.

Hugo zeigt seine Zähne.
Wie ein wilder Hund.

Хуго лежить на підлозі
Перед своїм ліжком.

Його очі повністю білі.
Його шкіра бліда.

Його тіло тремтить.
Він махає руками.

Хуго скалить зуби.
Як дикий пес.

Große Angst

Anarosa schreit.
Sie legt ihre Hände
auf die Schultern von Hugo.
Und dann auf sein Gesicht.
Sie ruft: „Hugo!"

Hugo sieht nichts.
Seine Augen sind noch immer weiß.
Schaum kommt aus seinem Mund.

Anarosa hat große Angst.
Sie weint nicht.
Sie redet nicht.
Sie kann sich
vor Angst nicht
bewegen.

Сильний страх

Анароза кричить.
Вона кладе руки
на плечі Хуго.
А потім на його обличчя.
Вона кричить: «Хуго!»

Хуго нічого не бачить.
Його очі ще білі.
Із рота йде піна.

Анароза дуже налякана.
Вона не плаче.
Вона не розмовляє.
Вона не може рухатися через страх.

Krankenwagen

Flavio kommt ins Zimmer.
Er ruft: „Was ist los?"

Dann sieht er Hugo.
Hugo zittert noch immer.

Flavio rennt zurück in sein Zimmer.
Er nimmt sein Handy.
Und wählt den Notruf 112.

Швидка допомога

У кімнату входить Флавіо.
Він кричить: «Що сталося?»

Потім він бачить Хуго.
Хуго все ще здригається.

Флавіо біжить назад до своєї кімнати.
Він бере мобільний телефон.
І набирає номер екстреної
допомоги 112.

Der Krankenwagen kommt.
Hugo liegt im Krankenwagen.

Jetzt weint Anarosa doch.
Flavio weint auch.

Sie fahren mit zum Krankenhaus.

Приїжджає швидка допомога.
Хуго лежить в машині швидкої допомоги.

Тепер Анароза плаче.
Флавіо теж плаче.

Вони разом їдуть до лікарні.

Wieder ruhig

„Hugo hat einen epileptischen Anfall“,
sagt der Arzt.
Er erklärt, was das ist: „Epilepsie ist
eine Krankheit im Gehirn.
Hugo ist jetzt wieder ruhig.
Es wird alles wieder gut.“

Anarosa und
Flavio dürfen
jetzt
zu Hugo.

Знову в порядку

«У Хуго епілептичний напад», —
каже лікар.
Він пояснює, що це таке: «Епілепсія
— це
захворювання в головному мозку.
Хуго вже в порядку.
Все буде добре».

Анароза і Флавіо тепер можуть
побачитись
із Хуго.

Ein kleiner Held

Hugo sieht blass aus.
Aber er lächelt, als er seine Mutter
und seinen kleinen Bruder sieht.

Anarosa erzählt ihm von Caspar.
„Dank Caspar bist du jetzt hier",
sagt sie.
„Caspar ist ein Held.
Ich finde, dass er bei uns bleiben soll."

„Jaaaa!", rufen Hugo und Flavio.
„Wir haben einen Hund!"

Маленький герой

Хуго виглядає блідим.
Але він посміхається, коли бачить маму
і свого молодшого брата.

Анароза розповідає йому про Каспара.
«Завдяки Каспару ти зараз тут», —
вона каже.
«Каспар — герой.
Я думаю, що він повинен залишитися з
нами».

«Так!» — кричать Хуго та Флавіо.
— У нас є собака!»

Das beste Geschenk

Am nächsten Tag darf Hugo nach
Hause.
Genau rechtzeitig.
Es ist der 6. Januar:
Heilige Drei Könige.

Hugo bekommt Medikamente.
Er muss noch einmal ins Krankenhaus.
Der Arzt wird ihn weiter untersuchen.

Aber nicht jetzt.
Jetzt wird gefeiert.

Hugo und Flavio öffnen ihre
Geschenke.
Und sie spielen mit Caspar.
Er ist das beste
Geschenk.

Найкращий подарунок

На наступний день Хуго виписують з лікарні додому.
Як раз вчасно.
Бо це ж 6 січня:
Свято Трьох Королів.

Хуго приймає ліки.
Потім йому знову потрібно буде до лікарні.
Лікар обстежить його більш детально.

Але не зараз.
Зараз свято.
Хуго і Флавіо відкривають свої подарунки.
І вони грають із Каспаром.
Він найкращий подарунок.

Der Anruf

Aber dann klingelt das Telefon.
Es ist ein Mann am Telefon.
„Ich heiße Gerhard“, sagt er.
„Ich suche meinen Hund.
Ist er bei Ihnen?“

„Ja, der Hund ist hier“,
sagt Anarosa.
„Sie können ihn abholen“.

Am nächsten Tag kommt Gerhard.
Er ruft: „Balu!“
Er streichelt den Hund.
Der Hund freut sich, ihn zu sehen.

Дзвінок

Але згодом дзвонить телефон.
Це телефонує чоловік.
«Мене звати Герхард», — каже він.
«Я шукаю свого собаку.
Він у вас?»

«Так, собака тут»
— каже Анароза.
— Ви можете забрати його».

Герхард приходить наступного дня.
Він зве: — Балу!
Він гладить собаку.
Собака радий його бачити.

Hugo sagt nichts.
Seine Augen sind rot vom Weinen.

Flavio ist wütend.
Er sagt: „Der Hund heißt Caspar!"

Gerhard schaut ihn an:
„Wie meinst du das?"

Хуго нічого не каже.
Його очі стають червоними від сліз.

Флавіо сердиться.
Він каже: — Пса звати Каспар!

Герхард дивиться на нього:
— Що ти маєш на увазі?

Unser Held

Anarosa erklärt alles.
Gerhard hört ihr zu.

Anarosa erzählt von den Zetteln.
Von den Heiligen Drei Königen.
Und von Hugos epileptischem Anfall.

„Caspar ist unser Held“, sagt sie leise.
„Ich meine: Balu ist unser Held.“

Der Hund liegt jetzt bei Hugo
auf dem Schoß.
Hugo streichelt ihn.

Er muss schon wieder weinen.
Hugo sieht den Mann nicht an.

Gerhard sagt nichts. Er denkt nach.
Und dann sagt er: „Ich glaube,
dass Balu zu euch gehört.“

Наш герой

Анароза все пояснює.
Герхард слухає її.

Анароза розповідає про оголошення.
Про Свято Трьох Королів.
І про епілептичний напад Хуго.

«Каспар — наш герой», — тихо каже вона.
«Я маю на увазі: Балу — наш герой».

Собака лежить у Хуго
на колінах.
Хуго гладить його.

Він ось-ось знову заплаче.
Хуго не дивиться на чоловіка.

Герхард нічого не каже. Він думає.
А потім каже: «Я думаю,
що Балу тепер твій».

Tanz

Flavio sieht hoch.
„Dürfen wir ihn behalten?"
„Ja", sagt Gerhard. „Wenn ich Balu
noch ab und zu besuchen darf.
Ich meine: Caspar."

Hugo springt von seinem Stuhl.
Caspar springt auf den Boden.
Sie hüpfen alle beide.
Es sieht aus wie ein Tanz.

„Jaaaa!", rufen die beiden Brüder.
„Wir haben einen Hund!"

Танок

Флавіо дивиться вгору.

— Ми можемо його залишити?

— Так, — каже Герхард. — Але якщо я зможу

час від часу відвідувати Балу.

Я маю на увазі: Каспара.

Хуго підскакує зі стільця.

Каспар стрибає на підлогу.

Вони обидва стрибають.

Це схоже на танок.

«Так!» — кричать обидва брати.

— У нас є собака!»